I0725103
2026
КАЛЕНДАР
И
ИСТОРИИ
Заботливый
Петушок и
его 7 Курочек
Елена Булат

Елена Булат

Содержание

ISBN: 978-1-952907-95-1

Автор

Оформление этой книги, фотографии и обложка, как всегда сделаны самим автором. Автор книги, Елены Булат, имеет универсальное филологическое образование, огромный жизненный опыт и долгие годы работы в различных областях искусства и культуры, включая кино и театр. Она много путешествовала по миру, а с 1996 года живет в Калифорнии. Там она создала свою школу бальных танцев и организовывала благотворительные концерты.После завершения танцевальной карьеры, Елена начала писать увлекательные книги на темы, в которых она разбирается больше всего: о своих жизненных приключениях, сказочные истории для детей, о своих собаках, кошках, павлинах, курицах и рыбках в ее пруду, и т.д.

******

Права защищены

Предисловие

Книга «Календар 2026 и Истории. Заботливый Петушок и его 7 Курочек» содержит веселые и познавательные рассказы о жизни Петушка Пети и его семи курочках.

Автор поместила камеру внутрь курятника, и записала множество интересных приключений из жизни его обитателей.

Петушок очень заботился о своем курином семействе, искал корм для курочек и защищал их.

А курочки пели свои нежные песни, и каждый день несли вкусные яички.

Все они верили, что их предназначение – служить людям.

Старое Ранчо

Как-то однажды, огромное Калифорнийское ранчо, было выставлено на продажу. Его владельцы купили себе другое место, и перевезли туда все свое имущество. Там же были построены просторные клетки для павлинов. И вскоре, две огромные, прекрасные птицы переехали туда из их старого жилья на ранчо.

Но, после нескольких месяцев переговоров, это удивительное ранчо на холмах, с необыкновенным и просторным домом, покупатель решил не покупать. Это было досадно, ведь цитрусовые и авокадовые плантации требовали постоянного внимания. Тогда, прежние владельцы остались жить в пустом, многоуровневом доме, надеясь на новых покупателей. А уже очень пожилой хозяин из последних сил сохранял ранчо живым.

Прошло несколько месяцев, но огромное ранчо, имевшее собственные колодцы и ирригационную систему, все еще не вызывало интереса у покупателей. Так что, и бывшие клетки павлинов стояли на холмах опустевшими и молчащими.

Тогда, всегда активная хозяйка, любящая разнообразить свою жизнь неожиданными поворотами, решилась на новое приключение.

Ей хотелось наполнить безмолвный сад приятной энергией блуждающих по огороду домашних питомцев. Она вообще была полна любви ко всему живому и любила создавать вокруг себя прекрасное. А заботиться о живых существах была ее жизненная позиция.

***

January 2026

January, 2026

"The chickens have come home to roost"

Sun	Mon	Tue	Wed	Thu	Fri	Sat
				1	2	3
4	5	6	7	8	9	10
11	12	13	14	15	16	17
18	19	20	21	22	23	24
25	26	27	28	29	30	31

***

Новые Жители Ранчо

Через несколько дней раздумий, хозяйка решила заглянуть в деревенский магазин. Там, на заднем дворе, было множество клеток с разными животными. В клетке с 4-х месячными курочками суетилось их огромное семейство. Она выбрала двух курочек, их положили в картонную коробку и отнесли хозяйке в машину. Там, как всегда, на заднем сидении, сидела любимица хозяйки, черная немецкая овчарка по имени Тузик. Хозяйка никуда без него никуда не ездила.

Тузик обожал свою хозяйку и был ее верным спутником.

February 2026

February, 2026 *"May chickens come cheeping?"*

Sun	Mon	Tue	Wed	Thu	Fri	Sat
1	2	3	4	5	6	7
8	9	10	11	12	13	14
15	16	17	18	19	20	21
22	23	24	25	26	27	28

***

Появление кого-то живого и тонко пищащего на заднем сидении машины встревожило преданного пса. Любознательный Тузик тут же обнюхал коробку с курочками, намереваясь немного закусить. Но он тут же был одернут вдруг жестким голосом любимой хозяйки.

Тузик очень удивился этому редко-строгому голосу. Зачем же его взяли тогда с собой за такой необычной покупкой? И, почему это ему нельзя полакомиться так вкусно пахнущими пташками. Но самое неприятное для избалованного песика было то, что и дома они вовсе не предназначались для его ужина.

***

March 2026

March, 2026 *"Curses, like chickens, always come home to roost"*

Sun	Mon	Tue	Wed	Thu	Fri	Sat
1	2	3	4	5	6	7
8	9	10	11	12	13	14
15	16	17	18	19	20	21
22	23	24	25	26	27	28
29	30	31				

***

Приехав на ранчо, хозяйка отнесла молоденьких курочек в огромную павлинью клетку, и положила их на солому. Клетки имели металлические сетки для безопасности, живущих там птиц.

А внутри курочек уже ждал питательный ужин. Милые пташки восхитились необычайной тишиной и покоем нового места. Им было непривычно и даже немного одиноко без их огромного семейства, вечных споров, и острой борьбы за миску с едой. А тут, в тишине и покое, без упреков и соперничества, без вечных уколов более агрессивных сестер, они хорошо поужинали.

***

April 2026

April, 2026

"The raven sees its chickens as falcons"

Sun	Mon	Tue	Wed	Thu	Fri	Sat
			1	2	3	4
5	6	7	8	9	10	11
12	13	14	15	16	17	18
19	20	21	22	23	24	25
26	27	28	29	30		

***

А после ужина курочки, нежно обнявшись для тепла и уюта, они улеглись спать в самом дальнем углу клетки.

А Тузик тоже получил свой ужин. В этот день великих перемен, ему повезло. За его терпение и послушание, он был награжден вкуснейшей косточкой, а не обычной собачьей едой. Он благодарно облизывал эту косточку, весь вечер мечтая о новой, и такой же захватывающей поедке с его заботливой хозяйкой

***

May 2026

May, 2026

"Priests, friars, nuns, and chickens never have enough"

Sun	Mon	Tue	Wed	Thu	Fri	Sat
					1	2
3	4	5	6	7	8	9
10	11	12	13	14	15	16
17	18	19	20	21	22	23
24	25	26	27	28	29	30
31						

***

Соперничество

На следующий день хозяйка решила, что курочки будут чувствовать себя в большей безопасности, если у них будет их защитник - Петушок. Она позвонила в специальную ферму, где когда-то купила своих павлинов. Хозяин фермы сразу же привез ей двухгодовалого и очень красивого петушка.

Петушок Петя смело вошел в 3 огромные клетки с сетками со всех сторон для безопасности птиц. Вначале он думал, что ему надо будет опять сажаться с другими петухами за лидерство. Но вдруг он обнаружил, что в клетках не было петухов, а были две очень молоденькие курочки.

June 2026

June, 2026

"The hen's eyes are with her chickens".

Sun	Mon	Tue	Wed	Thu	Fri	Sat
	1	2	3	4	5	6
7	8	9	10	11	12	13
14	15	16	17	18	19	20
21	22	23	24	25	26	27
28	29	30				

***

Петушок очень обрадовался, и весело прокукарекал:

- Вот наконец-то моя мечта осуществилась, и я имею собственный дом! Даже не просто дом, а дворец, настоящее царство. Какое чудо, нет ни одного соперника, и только мои собственные курочки.

Курочки тоже сразу ожили, и им стало намного радостнее.

- Ох, какой красавец – сказала более крупная и бойкая курочка,- Я буду его самой любимой подругой и главной хозяйкой.

Она подскочила к петушку и села около него очень близко. А потом она стала за ним повсюду ходить, бок о бок. Он взлетит куда-то на жердочку - и она за ним туда же.

July 2026

July, 2026

Don't count your chickens before they are hatched"

Sun	Mon	Tue	Wed	Thu	Fri	Sat
			1	2	3	4
5	6	7	8	9	10	11
12	13	14	15	16	17	18
19	20	21	22	23	24	25
26	27	28	29	30	31	

***

Бойкую курочку стали звать Галина. А вторую сестру, которая была робкая и застенчивая, стали звать Катя. И у курочек тут же появилось соперничество за внимание Петушка. Эта хитрая и сильная Галина, при каждом удобном случае, стала клевать хвост своей подруге. Но хозяйка быстро заметила, что у Кати недалеко от хвоста образовалось оголенное тельце. Хозяйка очень забеспокоилась и решила ей помочь. Она купила специальное лекарство, побрызгала его около хвоста курочки Кати, замаскировав ощипанное место. Так она отвлекла внимание ее соперницы - Галины

***

August 2026

August, 2026

"It may be the rooster that does all the crowing, but it's the hen that delivers the goods

Sun	Mon	Tue	Wed	Thu	Fri	Sat
						1
2	3	4	5	6	7	8
9	10	11	12	13	14	15
16	17	18	19	20	21	22
23	24	25	26	27	28	29
30	31					

***

Петушок Петя

В любое время дня, у Петушка Пети было очень много работы. Поэтому он с утра предпочитал одеваться в изящный и деловой стиль. У него была светлая рубашонка в черный горошек и черные штанишки. Только его великолепный хвост на солнце загадочно переливался темно-зелеными бархатными перьями. Петя любил наряжаться, и его привлекательное оперение волновало воображение простушек - курочек.

September 2026

September, 2026

"When you can't get meat, chickens and bacon are good"

Sun	Mon	Tue	Wed	Thu	Fri	Sat
		1	2	3	4	5
6	7	8	9	10	11	12
13	14	15	16	17	18	19
20	21	22	23	24	25	26
27	28	29	30			

***

Но главным для всех (кроме делового облика Пети), было то, что у смышленого Петушка был отличный прошлый опыт. Его привезли из огромной фермы, где было много таких же, похожих на него петушков. Но каждый день все они там сражались друг с другом за лидерство. Можно сказать, что, несмотря на свой молодой возраст, Петушок прошёл огонь и воду, и медные труды.

Только там люди помогали ему избегать больших неприятностей. И благодарный Петушок ценил эту добрую память, и не был агрессивным по отношению к людям.

October 2026

October, 2026 "Chickens are counted in autumı

Sun	Mon	Tue	Wed	Thu	Fri	Sat
				1	2	3
4	5	6	7	8	9	10
11	12	13	14	15	16	17
18	19	20	21	22	23	24
25	26	27	28	29	30	31

***

Молоденькие, и еще совсем неопытные курочки, ему очень понравились. Он обрадовался, что теперь у него одного будет власть и авторитет. А еще, он мечтал само выразиться в его желании кого-то опекать, защищать и любить. Но главное, он хотел учить этих курочек всем премудростям жизни. Да и вообще, он к этому времени уже был готов заводить семью.

Но Петушок Петя, решил, что Галина будет его главной женой. Он объявил это и всем остальным.

- Все остальные курочки должны ее слушаться,- заявил Петушок.

November 2026

November, 2026

Laughter is good both for the body and for the soul and helps us to remain positive

Sun	Mon	Tue	Wed	Thu	Fri	Sat
1	2	3	4	5	6	7
8	9	10	11	12	13	14
15	16	17	18	19	20	21
22	23	24	25	26	27	28
29	30					

***

Но вскоре каждая курочка старалась ему понравиться, садилась рядом, клевала в его бока, и как бы чистила ему перышки.

А Петя каждый день выделял какую-то курочку особым вниманием и учил ее чему-то важному для жизни. А главное, умненький Петушок старался, чтобы его внимание всем доставалось поровну. Петя интуитивно понимал, что главное в любой семье это спокойствие и радость. А еще важнее всего был создать уверенность каждой курочки в его заботе. Он сам следил за порядком, дисциплиной и строгой иерархией в его семье. И потому, Петушок был всеми любим, и оставался главой и лидером во всех ситуациях

December 2026

ecember, 2026			Laughter gives us the opportunity to see everything in perspective.			
Sun	Mon	Tue	Wed	Thu	Fri	Sat
		1	2	3	4	5
6	7	8	9	10	11	12
13	14	15	16	17	18	19
20	21	22	23	24	25	26
27	28	29	30	31		

***

Растущая Семья

Вскоре любопытная хозяйка прочитала много статей о содержании курятника, как растить кур, и как за ними ухаживать. Это была огромная наука: новый, неведомый, и совершенно необыкновенный мир кур и петушков.

Хозяйка была быстра на решения, и упорна в достижении любой цели. Она, недолго думая, она тут же собралась и опять поехала в деревенский магазин. Там она выбрала себе еще пятерых курочек из того же семейства. А приехав домой, поселила их всех в огромные пустующие клетки павлинов, где потерянно скитались две первые курочки с петушком.

Все курочки были еще подростки, если переводить на человеческий язык, и потому у них еще не выросли гребешки и бородки. Но все они были одной отличной породы - Нью-Гемпшир. Хозяйка надеялась, что они начнут нести яйца через месяц, когда им исполнится 5 месяцев.

Наш Петушок Петя, увидев еще пятерых новый курочек, очень обрадовался такому приятному сюрпризу. Он чувствовал себя королем мира, по крайней мере, в своей стае из 7 кур. Вскоре, Петушок решил, что ему пора приударить ка какой-нибудь, особенно привлекательной курочкой, а может и за всеми вместе...

А все курочки быстро распознали его страстный характер. Им всем было рано заводить семью. Так что, они старались убегать от Пети, когда у них была такая возможность. Опасность петушиной атаки наступала, когда он хлопал крыльями, распушая свои перья вокруг шеи. Но Петушок же этим старался показать, что он здесь самый умный и большой, и все должны его любить и слушаться.

Через два дня все уже освоились на новом месте. А на третий день хозяйка выпустила их всех из курятника в огороженный сад.

Петушок Петя, тихонько ворча на хозяйку за вмешательство в его петушиные дела, показывал всем своим видом, что именно он здесь главный. Его гордый неторопливый вид подчеркивал, что именно он принимает все решения, а н6е хозяйка, и это именно он решил выгулять свое семейство в неизведанном мире чудесного сада. Он галантно выпустил курочек вперед, напоминал им о важности послушания именно ему – главе дома.

***

Сад

Каждое утро куриная семья сначала идет к кормушке внутри курятника, потом они идут к выходу из курятника, чтобы попасть в сад. В такое время многие курочки тихо поют свои радостные песенки, предвкушая приятную прогулку по саду.

Когда хозяйка открывает дверь курятника, курочки быстро бегут на холм, и начинают щипать зеленую травку. Петушок последним выходит из курятника, вежливо пропуская всех девочек вперед.

Курочки очень счастливы, оказаться в новом и прекрасном мире сада. Это их развлечение, место для упражнений, обучения и приключений. Именно Петушок Петя учит каждую из них как правильно копаться в земле, ища червячков или что--то еще такое же вкусное и необходимое. При этом он издает специальные звуки. Да и курочки часто напевают что-то хорошее об их жизни. Часто, бродя по огороду, курочки ищут небольшие камушки и заглатывают их для хорошего пищеварения.

В саду Петушок сначала осматривается вокруг, нет ли где-то какой-то опасности. Он поворачивает голову во все стороны, издавая особые предупреждающие звуки, и давая курочкам знать, что они под защитой. Он все время охраняет свое семейство, смотрит во все стороны и на небо, откуда может прилететь ястреб. Если он чувствует опасность, или решает, что они уже нагулялись, Петушок издает особый звук, зовя всех домой. Петя заходит домой последним, проверяя, всех ли он собрал в их курятник.

Петя вообще старается постоянно быть лидером, все контролировать, и общаться с курочками на разные темы. Сам он ест мало, и только когда убедится, что все его семейство уже сыто.

Но вот однажды, вдруг Петушок Петя захлопал крыльями, и перья вокруг его вытянутой шеи встали дыбом. Он громко закричал:

- Опасность! – Курочки встрепенулись и подняли головки

вверх, озираясь. Так Петя учил их обращать внимание на его предупреждения.

***

Утром

Лучшая часть дня проходила в саду, и была самым большим удовольствием для всех жителей ранчо. Каждое утро Петушок Петя ждал у ворот курятника, когда хозяйка откроет дверь в райский сад. Он, как настоящий джентльмен, наблюдал, чтобы все были вместе, как хорошая семья, и всегда выходил последним. Весь его вид гордо выражал важность его жизненного предназначения. И он заботился о своих курочках от всей глубины его Петушиного сердца.

Когда он видел приближающую хозяйку, он начинал обычное тихое ворчание. Но курочки, видя хозяйку с хлебом в руках, бежали к ней, сломя голову. Хозяйка садилась на пенек и протягивала им свою руку. Курочки обожали кусочки хлеба, и стоя совсем близко к хозяйке, пытаются вырвать их из ее рук. А другие тихо пели свои нежные песни, выражая восторг от такой чудесной жизни.

Хозяйка ставила под оливковым деревом свежую воду и несколько тарелок с разными видами прекрасной еды. К разнообразию зерен она добавляет немного толченых раковин устриц, чтобы восстановить запас кальция и построить хорошую скорлупу яиц.

Несколько самых голодных курочек сначала ели то, что ставила им хозяйка. Другие же обожали в первую очередь собирать зеленую травку. А Петушок ел мало и быстро. Для него самым важным было следит за тем, чтобы все его курочки были сыты. После кормления Петушок вел свою семью на экскурсию по огороду, и они с удовольствием исследовали все вокруг.

Как-то Петушок обнаружил под деревом огромную кучу деревянных щепок, и повел туда свою семью. Там они с восторгом копошились несколько часов, перемешивая все вверх дном, и выкапывая что-то вкусненькое. Иногда туда же прилетали какие-то маленькие птички, то же копошились в щепках, как бы подшучивая и передразнивая наивных курочек.

Под постоянным присмотром Петушка Пети, эта чудесная куча щепок стала самым любимым развлечением курочек.

***

Белки и Коршуны

Каждый день курочки сначала валялись в так необходимой им пыли, принимая грязевые ванны. Это было полезно для их перьев и тельца, очищая его от паразитов.

Курочкам был сделан огороженный сад, где они вскоре съели всю траву и перекопали всю землю. Когда нужно было поменять их место для прогулок или загнать их назад в курятник, хозяйка брала шланг, поливая воду позади корочек. Курочки не любили купаться в воде, и быстро бежали в нужное место. Это был также эффективный способ отправить их всех в клетку на ночь.

Но однажды на закате хозяйка не досчиталась в курятнике одной курочки и пошла ее искать. У высокого дуба, по которому вверх ползли красные ветки куста Бугенвия, росли огромные ромашки. Они создавали безопасный шатер, где можно было переждать опасность исходящую сверху. Тут-то хозяйка и обнаружила курочку Катю, которая там мирно отдыхала. У самой слабенькой и вроде бы не очень смышлёной курочки, хватило инстинкта сидеть в укрытии, не дыша, под пронзительные крики охотящегося коршуна. Когда курочка Катя услышала голос хозяйки, которая ее всегда защищала от остальных кур, она вылезла из-под кустов, и побежала в курятник.

- А может она искала укромное место под кустами ромашек, где можно было бы откладывать яйца. Всем курочкам уже было пять месяцев, и они были готовы к продолжению рода,- подумала хозяйка.

Но кроме коршуна была и другая неприятность в жизни курятника. Это были – белки - воровки.

Увидев белок, Петя начинал беспокойно кричать, призывая хозяйку на помощь. В такие моменты, все курочки очень взволнованно суетились, стараясь воевать с непрошеными пришельцами. Они махали крыльями, гневно кричали, кудахтали, и пытались бежать на вторгшихся пришельцев.

Но молодые хулиганки-белки чаще всего даже не реагируют на возмущение куриного семейства. Они там просто бегают друг за другом, дразня курочек.

Несколько дней подряд хозяйка с отчаянием наблюдала, как несколько белок влезают в курятник, бегают там, играя в догонялки, и едят куриную еду.

Главная опасность этого нашествия была в том, что белки, как и мыши, разносили грязь и микробы. И вот хозяйка увидела, что курочки начали чесать свои головенки. Хотя и мыслей там было совсем мало, но хозяйке хотелось их всех держать в чистоте.

Так что, несколько дней спустя она купила специальные металлические ловушки. Белки забегала внутрь за семечками через две маленькие открытые дверки. А потом дверки захлопывались, и белки в ужасе осознавали, что они оказались в неволе.

Курочки очень удивились, увидев у себя в курятнике эту ловушку с белками внутри. Это стало их главное их развлечение на некоторое время. Они толпились вокруг клетки, наблюдая, что же будут белки делать и как они оттуда выберутся. Курочки слегка поклевывали воровок, подзадоривая их быстрее выбираться из неволи.

Некоторые из курочек, взлетев на верхние перекладины курятника, занимали эти привилегированные места. Оттуда им все было хорошо видно. А всезнающий петушок Петя не пропускал случая чтобы даже белок поучить уму – разуму, подчеркивая свою значимость в жизни курятника.

"-Ну что, иностранная шушера, попались в клетку!?-

А потом он обратился к своему семейству: Смотрите, курочки, как надо защищать свой дом!"

Петя отошёл подальше к стене, разбежался, и, грозно захлопав крыльями, помчался на клетку с белками. "Вот так надо всех врагов побеждать! - Всех, кто в наш дом пришел с мечом, тот от меча и погибнет!"

Хотя клетки были большие, и белки были в безопасности, но убежать они уже не могли. Потом, хозяйка вывезла их подальше от курятника и отпустила на волю. Белки были рады свободе, и больше в курятник не возвращались.

***

Первые Яички

Когда курочкам исполнилось семь месяцев, они стали мечтать о цыплятах. Для этого им хозяйка создала специальное место в курятнике, там же, где они спали.

Однажды утром, одна курочка проснувшись, не успела спуститься с верхнего насеста, и уронила свое первое яйцо вниз. Оно было еще не крепкое и разбилось. А другая курочка тут же весело побежала к этому яйцу и склевала его.

После этого, все курочки стали всюду искать укромные места для своей главной жизненной роли. Но сначала они пытались устроить свой безопасный дом где-то в саду и там прятать яички для их будущее потомства. А Петушок Петя помогал им в этом поиске. Вот он нашел одно очень закрытое местечко под дровами. Он протиснулся туда и стал там вертеться и крутиться. Он показывая курочкам, что это отличное гнездышко для откладывания яичек.

А другая курочка нашла свое безопасное место под маленьким, детским стульчиком у стены дома. Она отложила там свое первое яйцо и не хотела возвращаться в курятник. Она долго сидела на яйце и мечтала, чтобы из яйца появился ее цыпленок - первенец. Но хозяйка нашла это местечно и пыталась отправить курочку в курятник. Но та не уходила, даже после того, как хозяйка вылила на нее какое-то количество воды из шланга.

Другие курочки тоже какое- то время пыталсь отложить свои яйца в разныъ местах сада. Увидев это, хозяйка намекрула Петушку.что пришло время ему вмешаться, и научить своих курочек отклыдывать яички в определенном месте в курятнике. Петушок это быстро понял. Вскоре он повел всю свою семью в курятник, выстроил их перед насестом, и стал учить своих курочек откладывать яички в правильном месте.

Он влез в специальную коробку с сеном, что поставила им хозяйка. Там Петушок стал вертеться, говоря курочкам, что это место наиболее удобное и безопасное для их главного занятия - откладывания яичек. Все 7 курочек стояли перед ним и наблюдали за его объяснениями. Потом Петушок вылез оттуда и сказал:

Теперь вы пойдете сюда по очереди и сделаете свое главное дело.

Но еще какое-то время несколько курочек, не усвоив урок, бродили по огороду в поисках места для яичек. Решив им помочь, хозяйка положила искусственнные яйца в их нассест, чтобы они убедились о правильном месте их работы. На следующее утро хозяйка нашла несколько небольших коричневых яичек уже на првильном месте, котрое показал петушок. Курочки усвоили урок их покровителя.

Но две курочки были особенно упорными в их желании иметь цыплят. Они сутками сидели на искуссственных яйцах, удивляясь, что програсса не видно. Потом хозяйка поняла свою ошибку и убрала искусственные яйца. Но курочки продолжали там сидеть, не выходя из гнезда чтобы попить или поесть.

Хозяйке пришлось дать им холодную ванну и убрать их в другую часть курятника на сутки.. Она не была готова к прибавлению семейства в виде маленьких цыплят.

После этого случая, несколько дней курочки решили совсем не отклыдывать яица. Хозяйка этому огорчилась и решила все поменять в жизни курятника.

Она положила искусственные яйца в новую часть курятника.

Вскоре, любознательные курочки это увидели и позвали Петушка на помощь.

- Не волнуйтесь, мои дорогие,- сказал Петушок. - Я вам помогу и все проверю!-

Он подошёл к новому местечку, и вытянув шею, осмотрел искусственные яички. Потом, как всегда, он залез внутрь этого укромного местечка и завертелся там.

Новое местечко под стульчиком было хорошо укрыто, казалось надежным, и в нем лежала солома. Петушок не нашел ничего опасного, и оно было одобрено главой семейства. Курочки вновь весело запели свои нежные песни, и начали высиживать свои яички на новом месте. Вот такой был умный и заботливый был Петушок Петя.

***

Заботливый Петушок

Сначала, молодые курочки приносили мелкие яички и без проблем. Но одна курочка ходила по саду и стонала. Потом она долго и безрезультатно пыталась выдавить яйцо из себя. Но яйцо было слишком большим. Тогда наш заботливый и добрый Петушок Петя подошел к гнезду курочки и сказал:

- Не волнуйся, я помогу тебе! –

Он прыгнул ей на спину, и начал сдавливать её бока, помогая ей выдавить яйцо. Это выглядело, как спаривание, и он увеличил её клоаку. И после этого, его любимая, старшая курочка Галя, стала нести огромные яйца с двойным желтком!

Как-то вскоре хозяйка нашла Петушка в углу курятника, сидящего на курице. Он толкал ее вниз и в бока. Эта курица несколько раз пыталась отложить яйца в этом углу, но никак не могла. Хозяйка узнала, что это случается с некоторыми курами, у которых слишком большие яйца. Некоторые владельцы кур предлагали ей, поймать курочку и вытолкнув яйцо своими руками.

Но в курятнике был необычайно умный, опятный и все понимающий Петушок. Курочка пожаловалась ему на эту проблему. Вот Петушок и пытался помочь курочке в ее проблеме, сжимал ее бока и выталкивая огромное яичко. Когда хозяйка нашла это яйцо, там оказались два желтка.

- Бедная девочка! – сказала хозяйка,- и как хорошо, что Петух любитб потомгет и поддерживает своих курочек. – Удивительный мир природы.

***

Герой-Защитник

Петушок Петя ясно видел свое жизненное предназначение и следовал своей миссии с преданностью. При любых звуках опасности он издавал особые громкие звуки и самые слабые из курочек бежали поближе к нему. Обычно это случалось, когда за их забором появлялись собачки.

Однажды хозяйка забыла перевести старенькую овчарку Соню в другую часть сада. Курочки, ничего не подозревая, мирно гуляли, поклевывая что-то в огороде. А Соня, удивлённая таким неожиданным вторжением в ее владения, собралась с силами и помчалась на курочек.

Но петушок был на страже. Он весь распушился, его пёрышки на шее встали дыбом. Петя захлопал крыльями и громко закричал:

“Всем бежать в курятник!- Быстро!”

Он буквально поднял пыльную бурю перед ошарашенной старой собачкой, еле передвигавшей задние ножки.

- Не подходи! - Я защищаю моих курочек до последнего дыхания и до последнего перышка!

Соня, хотя и удивилась такой петушащейся птичке, но она была овчаркой и не из робкого десятка. К тому же, у нее за плечами уже был огромный опыт борьбы с врагами огорода. Соня на минуту задумалась, глядя на семь ярко-коричневых птичек, в панике замелькавших перед ней.

- “Кого же первого поймать?-”

А в это время, курочки уже разбежались в разные стороны, а самые сообразительные даже убежали в курятник.

А Петушок громко, и как ему казалось, очень воинственно кричал на Соню и грозно махал крыльями. Но для большей безопасности он все же взлетел на крышу. Оттуда Петушок продолжал громко возмущаться нарушением жизненно-важных прав его куриного семейства.

Хозяйка прибежала на неожиданный шум и переполох в огороде. Она увидела Петушка, который в панике, нервно ходил по высокой крыше курятника, ища способ попасть внутрь своего безопасного жилья.

Хозяйка увела удивленную Соню во двор. А потом она стала успокаивать Петю, помогая ему понять, где лучше спуститься вниз. Но обычно смышленый Петушок в такой невероятно-стрессовой ситуации, не мог сразу сообразить как это сделать.

Тогда хозяйка взяла шланг и стала поливать позади Петушка, что подтолкнуло его слететь вниз. А потом Петушок, как ни в чем не бывало, важно и медленно проследовал внутрь курятника, сохраняя свою гордость и достоинство. Любящие курочки, приветствовали своего героя радостным кудахтанием.

Вечер закончился, как всегда, упорядоченным размещением на перекладинках курятника. Курочки там помыли свои перышки, Потом туда ж взлетел Петушок. Самые любимые курочки обняли его, положили на него свои головы, и мирно заснули.

***

Звуки Петушка

Каждое утро, незадолго до рассвета Петушок провозглашал наступление нового дня. А на заходе солнца, он собирал всю свою семью в курятник, и объявлял время отхода ко сну.

Еще одним важным делом, Петушок считал защиту и кормление своих курочек. Он учит их всему, что знает сам. Выходя в сад, Петушок созывал семейство рыть землю, сам сначала показывая как добывать червячка. Но главное, он мечтал о своих цыплятах, и прилагает к этому особые усилия.

Петушок постоянно наблюдал за своей куриной семьей, ходя

гордо и неторопливо, с высоко поднятой головой.

Его главная особенность была в его желании общаться. А вернее, он ворчал без конца, на все вокруг, постоянно что-то объясняя и уточняя. А когда очередная курочка мчится к насесту и там высиживает яички, Петушок призывает всех к тишине и уважению. А потом, когда появляется яйцо, он взлетает высоко на перекладину, откуда ему виден весь мир. Петушок хлопает крыльями, громко и радостно провозглашая на всю округу о появлении своего будущего наследника.

Незадолго до захода солнца, Петушок Петя издает специальные крики « ку-ка-ре-ку» для сбора и возвращения его семьи обратно в курятник.

Петух очень чувствителен и регистрирует на всякие события в окружающей среде. Ничто не обходиться без его громких криков и объявлений. Петуха не разрешают иметь в густой застройке города.

Каждое утро перед рассветом, Петушок-Петя громко объявляет, что новый день вот-вот начнется, потому, как солнце встает. А потом, он созывает своих кур идти в другую часть курятника завтракать.

Несколько раз в день Петушок Петя обменивается последними новостями со своим соседом, который живет далеко за огромными апельсиновыми плантациями. Каждый раз, когда его курочки идут в гнездо, Петя радостно объявляет об этом всему миру. А каждая курочка идет класть яйца в свое особое время. Так что, Петушок работает глашатаем радостных новостей довольно много.

А когда его курица заканчивает свою почетную работу выкладывания яиц, Король курятника, торжествующе кричит об этом. Собаки в другой части двора, истерическим лаем отмечают нежелательное появление шакалов, которые стаями бродят вокруг ранчо. А им тут же вторит Петушок пронзительным криком. А его крик поддерживают курочки громким кудахтаньем всего семейства.

А еще, Петушок Петя кричит о помощи, или когда белка попадает в курятник, а это на ранчо случается очень часто.

Кроме птиц и уханья совы, летне-осеннюю ночную жару пронзает оглушительный стрёкот кузнечиков, кваканье лягушек на реке, внизу холма, и завывание охотящихся шакалов.

Постоянный активный шум природы привносит радостные живые нотки в жизнь изолированного ранчо на холме.

***

Часть 2.
Семьдесят лет ранее

Петух-Петухович

Когда-то давным давно, во дворе дедушки и бабушки между курами и цыплятами, важно разгуливал Петух-Петухович. Он гордился тем, что он работал будильником, и никому не нужно было иметь часы. Он так громко пел, что его слышали все в округе.

Этот Петух-Петухович был необычайно красив собой. Но главное, он чувствовал себя самой полезной птицей. Курочки в этом его поддерживали, и искренне верили, что именно он и есть Царь Двора, а потому он имел право на всеобщий контроль.

Петух-Петухович мечтал, что, если только они все вместе сильно постараются, то совсем скоро его куры начнут нести золотые яйца и высиживать золотых цыплят.

Самое главное достоинство петуха было в том, что он умел предупреждать о приближении врага и вообще о приближении любой опасности. Это была его главная служба людям.

Но все же он мечтал путешествовать, изучать мир, и узнавать, же там, за воротами его двора. Петух-Петухович считал, что для его выдающейся личности этот двор был слишком маленьким. Он его изучил вдоль и поперек и теперь мечтал посмотреть, что же там, за забором.

***

Куриная Жизнь

Когда наступило лето и стало совсем тепло, большая куриная семья часто выходила погулять на свежий воздух. А маленькие цыплята гуляли только в загороженном месте в саду.

Как-то бабушка Анна показывала своей внучке Аленушке цыпленка, у которого когда-то она покрасила чернилами перья:

- «Смотри! Был цыпленок, а теперь стал петух».

Курятник с насестом был в сарае, где под плохонькой крышей дед Минай соорудил полки и жердочки для кур. Заботливая бабушка положил туда немного сена для уюта, и курицы там несли яйца, мечтая вырастить новых птенцов. Но часть яиц часто становились завтраком для всех живущих в доме. А другую часть яиц бабушка уносила на рынок и продавала, собирая деньги на новую одежду внучке. Но все же она давала курам посидеть на некоторых яйцах, чтобы из них вылупились новые цыплята. Все в доме читая сказку о золотых яйцах, мечтали, чтоб и их курочки несли золотые яйца и приносили большую прибыль. Тогда вся семья зажила бы радостно и богато.

Куры ходили повсюду свободно и собирали с земли все, что было съедобным. Они изрыли весь сад, выискивая червячков. А бабушка приговаривала:

- «Дай курице грядку, а ей и огорода мало».

Хотя бабушка и ворчала на них, но куры жили хорошо. Они спали в замечательном курятнике и проводили дни, блуждая по саду, собирая зерна, сколько душе было угодно. Счастливые цыплята были активными, рылись в траве, лежали на солнце или кувыркались в пыли.

Куры имели эмоциональную память и запоминали облик и лица людей. Особенно хорошо они знали бабушку, которая их кормила. Когда приходило время обеда, бабушка выходила во двор, и тогда вся огромная куриная семья бежала за ней повсюду, громко кудахча. Иногда бабушка давала нескольким курицам жирную пищу, и они давали более ароматные яйца, чем те курицы, которых кормили только пшеном. Самым удивительным было то, что куры проявляли особое внимание к бабушке и, любя, терлись о её ноги головой.

В ответ, бабушка гладила их, давая понять, что она тоже понимает их привязанность. Она учила Аленушку спокойно подходить к курам и нежно с ними общаться, не пугая их. И только когда Аленушка проявляла спокойствие и осторожность, куры разрешали их гладить. Бабушка говорила внучке:

- «Если ты хочешь, чтобы куры тебя уважали и слушались, проводи с ними время. Помните, что на каждое твое действие всегда имеется реакция или противодействие. Даже куры понимают доброту и заботу. Им нравится рука, которая их кормит. Так и в жизни среди людей».

На закате солнца бабушка выходила во двор с мешочком зерна, звала кур и кидала семена пшена или кукурузы на землю. Куры неслись к ней и к зернам, сломя голову и кудахтали:

- «Ох, как хорошо! Нам надо быстренько поесть, да бежать яички откладывать да высиживать».

А еще куры помнили положительный и отрицательный опыт общения с людьми. Они различали доброту и опасность, исходящую от разных людей, и передавали эту информацию членам своей семьи. Куры проявляли беспокойство и эмоциональное сочувствие, наблюдали за своими птенцами в стрессовых ситуациях. Они сильно боялись деда Миная, и прятались в курятнике, видя у него в руках топор. В такой миг, они знали, что кто-то из них пойдет на приготовление куриного супа. Но это была их участь и им внушали, что они должны с этим смириться и этим гордиться. Куриный суп был полезен людям.

***

Петушок - Золотой Гребешок

Раньше во дворе было несколько петухов, но они часто дрались и соревновались, кто кого лучше и красивее, кто главнее и важнее, да кому какая курица принадлежит. Вот и отправили их всех в суп, кроме одного.

Этот один петух был огромный, сильный и самый красивый. Бабушка дала ему уважительное имя и отчество и звала его громко-громко «Петух-Петухович! Иди кушать!»

Петух-Петухович неспроста был таким важным и гордым. У него были большие амбиции, и он был уверен, что может начать полетные путешествия. Так что, однажды он пытался перелететь через забор. После этого хозяин дома, дед Минай, слегка подрезал его крылья. Но петух все равно ими размахивал и громко кукарекал:

- «Я – самый прекрасный петух на земле, самый красивый, сильный и полезный!»

Петух-Петухович любил всеобщее внимание и важничал, кода его звали на ужин. Он размахивал разноцветными крыльями, и не очень торопился подойти к бабушке. Но все же, когда петух начинал клевать зерна, никто не осмеливался подойти близко к нему, и все остальные ели чуть подальше. Когда же он был сыт, тогда и курицы могли отведать что-то вкусное.

А иногда бабушка баловала петуха и звала его совсем по-дружески:

- "Петя-Петя! Иди сюда, я тебя приласкаю и поглажу!"

Петух это понимал, и важно с достоинством подходил к ней. Бабушка гладила петуха по его гребню и по шее, и это ему очень нравилось. От её поглаживания и удовольствия, он надувался, распускал свои крылья и перья, и становился совсем ручным. А потом он опять громко и весело кукарекал, выражая радость от общения с добрым человеком. Но позволял он проделывать такие ласки только одной мудрой бабушке и больше никому не доверял.

***

Куриный Суп

(Детям до 16 лет - не читать!)

«Где много петухов, там утро рано наступает», говорила бабушка.

Петух-Петухович вставал раньше всех, и громко кукарекал, когда за окном все еще было темно. И тогда вставала бабушка, затапливала огромную печку, и начинала на ней что-то варить, ругая своего мужа Горыныча за его безделье. От дыма печи просыпалась Аленушка. Она лежала в кровати и ждала, когда в избе хоть немного станет теплее. Девочка часто простужалась.

Однажды, когда девочка сильно болела, пришло время варить куриный суп. Тогда в курятнике начался переполох и крик. Куры почувствовали, что скоро произойдёт то, чего они все боялись больше всего. Вышел Горыныч, закрыл в курятнике петуха и всех кур, кроме одной. А потом он позвал бабушку и Аленушку во двор. Там у канавы стоял огромный пень, а в руке у Горыныча был топор. Он положил курицу на пень и отрубил ей голову. А курица с отрубленной головой некоторое время все еще бегала по двору и махала крыльями. Горыныч же со злобным намеком приговаривал: «Вот курица бегает без головы, как иная глупая женщина».

Но курица без головы вскоре утихла. Бабушка взяла курицу за ноги, подставила сковородку под её шею, и собрала туда капающую кровь. Потом она поджарила кровь курицы и дала Аленушке на обед, говоря, что теперь внучка быстро поправится. Но Аленушка еще долго переживала за курицу без головы и болела. Чтобы её утешить, кошка Мурка рассказывала девочке старые сказки.

А Петух Петухович утешал своих кур в курятнике, говоря, что завтра солнце опять взойдет, и он будет песни им петь, и всех будут вкусными зернами кормить.

- «Так что, надо радоваться жизни пока есть голова на плечах», - говорил петух, и куры ему свято верили.

***

Гневный Царь Двора

Петух-Петухович был уверен, что он был хозяином двора, и считал себя Царем кур. Он чувствовал себя важной птицей и установил свои собственные порядки во дворе, тиранически следя, чтобы все куры подчинялись ему, не смея перечить. Он предпочитал, чтобы даже в курятнике его называли по имени-отчеству.

Он держал дистанцию со всеми вокруг, подчеркивая свою значимость. Так что, куры старались уходить от него подальше, предоставляя ему больше личного пространства. Насмотревшись на злобного Горыныча, Петух-Петухович стал тоже себя вести как очень плохой человек. А многие живые существа, в том числе и Аленушка, не хотели попадаться ему на пути, боясь гнева дерзкого Петуха-Петуховича. Разозлившись, этот петух мог побежать за девочкой и больно клюнуть ее, если она не успевала спрятаться в доме.

Утром, ожидая завтрака, Петух Петухович важно ходил по двору. Чтобы его успокоить Аленушка пела для него:

- «Петушок, петушок, Золотой гребешок, Маслина головушка, Шёлкова бородушка. Что ты рано встаёшь, что так громко поёшь? Аленушке спать не даёшь?» После этой песни он становился как бы даже немного покладистее, и его можно было даже осторожно погладить.

А самое главное, Петух был уверен, что именно о нем и о его предках Александр Сергеевич Пушкин написал сказку под названием «Петушок-Золотой Гребешок».

Аленушка очень любила сказки Пушкина, особенно эту, самую таинственную, где петух спасал царство, крича царю, с какой стороны к ним враги приближаются. Девочка всюду рисовала картинки из сказки и думала, что их Петух-Петухович выглядит как петух из сказки Пушкина.

***

Петух-Нарцисс

Как-то бабушка заявила, что их петух имеет склонность к «нарциссизму», потому что, он вел себя как любой нарциссический человек. Аленушка видела, что во дворе росло много цветов нарциссов. Они размножались под землей сами по себе, и весной их становилось больше и больше. Но их сочные длинные стебли были ядовитыми, и потому, ни зайцы, жившие в саду, ни другие животные питаться ими не могли. Да и бабушка запрещала рвать эти цветы. Однажды Аленушка попросила бабушку рассказать ей про название цветов.

И вот вечером, перед сном, у бабушки выдалась свободная

минутка, и она поведала Аленушке древнюю и поучительную легенду о самовлюбленном нарциссе.

«Когда-то в Древней Греции на горе Олимпа жило множество Богов. И был там красивый юноша по имени Нарцисс. Он безразлично и холодно относился к людям, не интересовался их мнением, и ни в ком не нуждался. Но зато он постоянно восхищался собственной персоной.

Как-то раз одна прекрасная нимфа влюбилась в этого юношу. Но он не только не ответил ей никакими эмоциями, а даже высмеял влюбленную красавицу в оскорбительной и грубой форме.

В те времена любовь считалась великим чувством, и насмешки над ней относились к разряду греха. Узнав об оскорблении смехом, прекрасная богиня Афродита решила покарать горделивого красавца Нарцисса.

В один жаркий день после охоты юноша решил напиться воды из ручья. Вдруг он увидел в гладкой воде лицо очаровательного юноши и влюбился в него. Хотя на него смотрело его собственное отражение, но Нарцисс не мог оторвать взгляда от прекрасного отражения. Он с дикой страстью, припадал к водной поверхности, желая поцеловать отражение. Отойти от воды у него не было ни сил, ни желания.

В конечном итоге его божественное тело исчезло, а на том месте расцвел прекрасный, душистый цветок - нарцисс. Он стал ассоциироваться с обманчивыми желаниями, надеждами и эгоизмом».

«Вот и наш Петух Петухович похож на этого героя древней легенды», - добавила бабушка. Но Аленушке показалось, что она имела в виду кого-то другого.

***

Намек Кошки

Однажды мудрая кошка Мурка, желая высмеять Петуха-Петуховича, рассказала Аленушке новую сказку о петухах.

«Как-то давным давно в маленькой избушке жили-были кошка и петух. Кошка бродила по лесу и искала пропитание. А петух оставался дома и готовил обед. Уходя, кошка строго-настрого наказывала петуху:

- «С незнакомцами не разговаривай, на красивые слова и уговоры не поддавайся, и никаких подарков ни от кого не принимай»!

Проведала хитрая лиса, что кошки дома нет, прибежала к избушке, села под окошко и запела:

-"Красавец петушок! Выйди на крыльцо и спой мне! Твой голос так хорош! А я тебе за твою песню дам конфетку шоколадную".

Петушок поверил сладко говорящей лисе и вышел к ней петь свои песни. А лиса схватила его в когти, и помчалась к своей норе. Хорошо кошка была на пути и спасла петуха. Вот так петушок запомнил, что нельзя верить ласковым речам незнакомцев.

Тут Петух-Петухович услышал, что кошка Мурка рассказывала эту сказку Аленушке, и закукарекал в ответ:

- »Мы тоже умные и на соблазны незнакомцев не поддаемся!» А потом петух рассказал, чем он гордился в своей жизни.

***

Гордость Петуха

У Петуха-Петуховича была одна заветная мечта. А мечтал он, он чтобы однажды все его куры сильно постарались и начали нести золотые яйца.

- «Вот бы бабушка обрадовалась! Ей не нужно было бы столько много работать вокруг дома. А у девочки Аленушки была бы новая одежда», - говорил петух.

А кошка Мурка ему возражала: »Но тогда бабушка не могла бы варить белые и желтые яички на завтрак и кормить семью. И не было бы у нас куриного супа, так необходимого для всех болеющих детей».

Петух-Петухович согласился с кошкой Муркой, но продолжал мечтать. Он все же гордился, что его наседки-крицы несли каждый день хотя и не золотые яйца, но близкие к ним по цвету - коричневые. Эти яйца были не простые, потому что из них появлялись такие же, как и Петух-Петухович, оранжеватые цыплята. Они были похожи на отца, как две капли воды.

Петух-Петухович вырастил уже не одно поколение своих цыплят, хотя большая часть из них уходила в полезный куриный суп, от которого все быстро выздоравливали. Но именно этот факт и был особой гордостью петуха, ведь он и его курицы служили для пользы человечества, обеспечивая всех куриным супом.

А еще петух гордился тем, что он работал будильником, будил всех точно по часам. Его звонкому голосу следовали другие петухи в округе. Они кричали один за другим: «Пора вставать! Работу начинать! Нам корма давать». Людям нравился громкий голос петуха, оповещающий о точном времени суток, и им не надо было покупать часы.

Самым главным смыслом жизни Петуха-Петуховича было

охранять двор, сад и своих куриц от всяких не званых гостей. Если он видел, что кто-то незнакомый подходил к калитке дома, петух тут же начинал громко кукарекать и звать деда Горыныча на помощь с топором. Если же незваный гость все же решался войти в калитку, то петух тут же грозно гнался за ним, стараясь клюнуть и прогнать.

Петух на деле доказал как он был нужен всем во дворе, и как он был всем полезен во всех отношениях. Так что, хозяева берегли и баловали этого петуха, и жил Петух-Петухович долго и счастливо.

***

Послесловие

Если внимательно следить за живущими рядом домашними питомцами, то можно заметить, что у них свои правила жизни, привычки и особое поведение. У каждого живого существа есть душа, а значит, чувства и эмоции. С искренней любовью и добротой, любое живое существо можно научиться понимать и приручить его. А значит, быть всегда за него в ответе, как за всех кого мы приручаем.

***

Когда-то, самой объединяющей в семье была удивительная традиция чтения хороших книг вслух. Каждый мог прочитать страницу или главу, по желанию и умению. Иногда участники даже привносили свою собственную эмоциональную окраску тому, о чем читали. Главным было участие в таком полезном событии. Это давало всем незабываемые впечатления, и оставалось в памяти, как самое драгоценное и счастливое время.

978-1-952907-95-1

www.ingramcontent.com/pod-product-compliance
Lightning Source LLC
Chambersburg PA
CBHW071952190726
48293CB00004B/1445

* 9 7 8 1 9 5 2 9 0 7 9 5 1 *